PHILIPPE PETIT-ROULET
DIDIER MARTINY

ZOU

SUR LE TOIT DU MONDE

MANGO

Dépôt légal: Mars 1992
Loi n° 49-956 du 16 Juillet 1949 sur les publications destinées à la jeunesse.

ISBN: 2 7404 0129 9

Comme chaque matin, Zou quitte le village très tôt, il fait froid et la fumée sort de sa bouche comme la cheminée d'une petite locomotive...
Tout est silencieux, seul le crissement des pas de Zou sur la neige.

Zou est déjà loin.
Assis sur une grosse pierre, il domine un grand lac gelé surplombé par la lamasserie de Chöten Nijiama.
Au fond, deux immenses montagnes ferment la vallée comme de sévères sentinelles.
Pour Zou le monde s'arrête là.
Soudain, il frétille et son visage s'éclaire : un énorme ballon jaune apparaît entre les montagnes.
Le soleil se lève.

Chaque matin Zou éprouve autant de joie à venir le saluer

*

Tout à coup, un grondement terrible fait trembler toute la vallée.
Une avalanche déferle vers le lac, la coulée est si puissante que le soleil est assombri sous la poussière de neige qui s'élève et retombe comme un nuage.
Même Zou, pourtant très loin, est couvert de petites gouttes givrées...

Peu à peu, le grondement diminue et fait place au silence...

- Bonjour Zou !

Zou sursaute. A côté de lui se tient Tchoss-Kyong, un des moines de la lamasserie.

Zou s'incline.

- Bonjour, noble Tchoss-Kyong. Avez-vous vu ce que j'ai vu ?

- Oui, Zou. La montagne est peuplée d'Esprits et parfois leur colère est grande contre les hommes, alors ils grondent...

- Mais je n'ai rien fait !

- Pas toi, Zou, mais les Chinois occupent notre pays, leurs soldats sont partout dans la vallée. La déesse Mère des Vents les tient à distance. C'est un avertissement.

Sur ces mots, il tourne les talons, un sourire flotte sur ses lèvres.

Zou reste tout pensif, puis reprend son observation.

*

Au bord du couloir dessiné par l'avalanche quelque chose brille…
La lueur est aveuglante.
Zou s'imagine que ce sont les Esprits de la montagne qui veulent lui parler, alors il leur fait de grands signes…

*

La lumière semble clignoter.
Tout excité, Zou décide que le lendemain, il ira en grand secret discuter avec les Esprits. Il leur dira qu'il ne faut pas se mettre dans de telles colères, que cela dérange toute la vallée et que les Chinois finiront bien par s'en aller…

Le lendemain, armé d'un sac et de raquettes, Zou caracole sous les étoiles.
Il est parti avant l'aube car la route est longue et il ne veut rencontrer personne...

*

Zou frémit, une ombre gigantesque se profile sur la neige ; c'est Tchoss-Kyong, immobile, qui semble l'attendre.
- Ton coeur est pur et tu es plein de courage, dit-il Prends ce talisman avec toi, il t'aidera...
Tchoss-Kyong lui tend un petit objet, puis tourne

les talons, comme à l'habitude.
Maintenant il fait jour et Zou approche de la montagne.
Le chemin est difficile, mais Zou ne perd pas de vue la lueur qui s'est réveillée avec le soleil.
Il s'avance...

Une forme sombre apparaît sous la glace, sur le côté un objet scintille...
Zou tente de casser la glace. Elle est trop dure.
Epuisé, il s'asseoit.
Il sort le talisman de sa poche et le regarde.
C'est un petit carré de cuivre avec un signe dessus. Soudain il a une idée.

Avec le talisman, il capte le soleil et le fait rebondir sur le bloc de glace.
Doucement celui-ci commence à fondre...

Zou voit émerger l'objet qui projetait la lueur.
Ce n'est pas un Esprit, mais un simple piolet d'alpiniste !
Quelle n'est pas sa surprise lorsque la glace est toute fondue : un homme tient encore le piolet, son visage est jeune, il parait dormir.

*

Zou se précipite avec sa gourde et lui donne à boire. L'homme se réveille.

- Aow ! Quel mal de tête, n'est-il pas ? Merçi vous m'avez sauvé, mon nom est Sir Edwin Mallory, à qui ai-je l'honneur ?

Zou se présente trés poliment, puis voyant que l'homme est affamé, il sort de son sac les bonnes victuailles qu'il a chipées à la cuisine avant de partir.
Mallory est drôle, sympathique et son appétit fascine Zou. Il lui raconte que, pris dans la tempête

en essayant d'escalader la montagne, il est tombé dans un trou et a perdu connaissance.
- Il faut se méfier de la montagne en juin à cause de l'arrivée de la mousson, explique-t-il.
Mais Zou lui dit qu'on est en janvier et qu'il n'y a pas de mousson à cette époque.
- Comment? rétorque Mallory, nous ne sommes pas au début du mois de juin 1922?

Mais non! s'écrie Zou, c'est le mois de janvier et nous sommes en 1988!!
Mallory devient vert, puis blanc, puis vire au mauve et enfin finit par sourire.
- Soixante-six ans! j'ai dormi pendant soixante-six ans!!
Zou ne comprend plus rien.

Mallory lui explique qu'après sa chute, la glace s'est refermée sur lui et qu'il a sans doute été congelé jusqu'à l'arrivée de Zou. Physiquement, il est toujours un homme de trente ans et pourtant il a plus de quatre vingt quinze ans !

Sur cette étonnante constatation, ils se mettent en route, Mallory parle de son pays et promet à Zou de l'inviter pour lui montrer l'autre côté de la terre...

*

Ils arrivent au village.
Tout le monde est en effervescence, on cherche Zou depuis l'aube, sa famille est inquiète.

Des soldats chinois emmènent Mallory. Zou n'a même pas le temps d'embrasser son nouvel ami.

Deux mois s'écoulent.
Un beau matin, à cheval sur un yack, le facteur entre en trombe dans le village, porteur d'une lettre pour Zou.
Elle est de son ami Mallory qui l'invite à venir visiter son pays et qui piaffe d'impatience à l'idée de le retrouver...
Fous de bonheur, Zou et tout le village entament une danse de joie.

Quelques jours plus tard, Zou arrive à l'aéroport de Londres et se jette dans les bras de son ami.

Mais à peine ont-ils eu le temps de se dire bonjour qu'une armée de chambellans les entraine vers les obligations officielles et la vie mondaine, car Zou et Mallory sont devenus des héros nationaux. Sans avoir le temps de souffler un seul instant, nos deux amis sont trimballés à travers toute la ville, de réunions en inaugurations. Le soir, un dîner a été prévu chez Madame Le Premier Ministre Margaret Thatcher.

Une superbe limousine les emmène au 10, Downing Street.

Zou fait la* connaissance de Tom et Peter, deux garçons de son âge, chargés de lui enseigner les coutumes de la Vieille Angleterre...

Cher Zou, aimez-vous l'Opéra? lui demande Tom.

Ou peut-être êtes-vous plutôt amateur de cricket ? renchérit Peter.
Zou répond oui à tout sans trés bien comprendre ce qu'ils veulent. Puis Tom et Peter se remettent à parler entre eux.

*

Le dîner est ennuyeux et Zou ne comprend pas pourquoi tout le monde le regarde comme une bête curieuse...

Après que Zou eut été décoré par leur hôtesse Margaret, les invités se précipitent à l'Opéra.

Encadré par Tom et Peter, Zou assiste, médusé, aux premières mesures de l'ouverture.
Peter lui chuchote à l'oreille:
-"La Force du Destin" de Verdi. Sublime, non? Mais peut-être préférez-vous Bellini ou Puccini?
Zou répond qu'il les aime tous, mais qu'il espère que les autres sont un peu moins bruyants.

*

Dans une autre loge, son ami Mallory l'observe avec ses jumelles de théâtre. Tout heureux, Zou fait des grands gestes dans sa direction.
Trés mécontent, Tom sermonne alors Zou et lui dicte la conduite à adopter à l'Opéra: le dos droit, l'air lointain, la respiration lente et profonde entre les grandes envolées de l'orchestre...
Tout penaud, Zou se réfugie dans son coin et observe le plafond.

*

Au début du troisième acte, un ronronnement de plus en plus fort trouble la représentation.
Tout le monde pense qu'un machiniste devenu fou

a fait démarrer sa mobylette dans les coulisses ! L'orchestre augmente la cadence et les chanteurs sont en rupture de voix. Soudain tous les visages se tournent vers la loge de Tom et Peter... Ceux-ci, atterrés, observent Zou, roulé en boule au fond d'un gros fauteuil rouge, qui dort à poings fermés, ronflant comme un troupeau de yacks à l'étable...

C'est le scandale, Margaret Thatcher éclate en

sanglots, le chef d'orchestre casse sa baguette et les chanteurs sont à jamais déshonorés...

*

On ramène Zou à l'hôtel, sous l'œil sévère des chambellans.

Les jours qui suivent sont encore plus frénétiques en visites et obligations diverses.

*

Mallory semble de plus en plus triste. En fait, il déteste le monde moderne et regrette amèrement le Londres de sa jeunesse...

Un soir il rejoint Zou dans sa chambre.

*

Zou est assis dans son lit et regarde avec nostalgie un livre sur les Alpes.
Tu regrettes tes montagnes, n'est-ce pas?
Non, non, répond Zou, d'une petite voix qui signifie "Oh, oui!"

-Tu as raison, hurle Mallory, ici la vie est un enfer! Je ne comprends rien à rien, tous mes amis sont au cimetière, les femmes que j'ai connues sont deux fois grand-mères, et tous ces types en vert me dépriment!
Toutes voiles dehors, Zou, nous rentrons chez toi!

*

Zou se précipite dans ses bras et ils valsent tous les deux dans la chambre en riant...

- Mais comment allons-nous faire ? dit Zou. Il y a plein de chambellans dans le couloir.
- Tu oublies, mon cher Zou, que j'étais un des meilleurs alpinistes de ma génération. Voici mon plan...

*

Tard dans la nuit, un clochard fut témoin d'un étrange

spectacle (et se jura de ne plus jamais boire) : courant silencieusement sur les toits, deux silhouettes se profilèrent un instant sous la lune, puis disparurent dans l'obscurité, au nez et à la barbe des chambellans...

Au petit matin, nos deux amis décollent dans un vieux coucou d'avant-guerre que Mallory préfère à tous les autres car celui-là, au moins, il sait le piloter...

Après des jours de voyage, le petit avion arrive en vue de l'Himalaya et du pays de Zou...

Mallory, qui s'est familiarisé avec le pilotage, virevolte entre les pics, à la joie évidente de Zou. Mais tout à coup, de gros nuages noirs couvrent l'horizon et bientôt nos pauvres amis sont pris dans un ouragan épouvantable...
Tourbillons de neige, vent déchaîné, grêlons gros comme le poing, ballotent l'avion tel une coquille de noix !
Soudain, droit devant eux, déchirant le brouillard se dresse une muraille de glace et de rocs. Mallory n'a que le temps de tirer le manche à balai contre lui...

L'avion se cabre, monte à la verticale, puis essoufflé, en perte de vitesse, se met en vrille et tombe comme une feuille morte...

Secoués dans tous les sens, Zou et Mallory s'aggripent l'un à l'autre. L'avion tombe de plus en plus vite, puis il sort des nuages juste au dessus du lac, dans la vallée de Zou. Mallory reprend les commandes et pique sur la lamasserie.

*

Après un atterrissage un peu douteux, Zou et Mallory s'extirpent sains et saufs des débris de l'avion qui a percuté le monastère, troublant une séance de méditation...

Le soir, un grand banquet est organisé en l'honneur de Zou et de Mallory qui a décidé de s'installer définitivement dans la région...

Tous les lamas et les gens du village sont là, la fête peut commencer.

*

Zou et Mallory se sourient d'un oeil complice, lorsque le Grand Lama donne le signal d'attaquer les plats...